# 일어서는 풀

민병도시조집

목언예원

# 일어서는 풀

지은이 · 민병도
펴낸이 · 민병도
펴낸곳 · 목언예원

초판 인쇄 : 2021년 5월 10일
초판 발행 : 2021년 5월 15일

목언예원
출판등록 : 2003년 2월 28일 제8호
경북 청도군 금천면 선바위길 53 (신지2리 390-2)
전화 : 054-371-3544 (팩스겸용)
E-mail : mbdo@daum.net

ISBN 978-89-94733-00-5 03810



값 8,000원

# 일어서는 풀

민병도시조집

목언예원

## ■ 시인의 말

부질없이 또 한 권의 시조집을 묶는다.

문명이 양산해내는 불평등에 공분할 청춘도 아니고
도법자연道法自然에 심취하여 소요유逍遙遊할
인격도 아니어서 목미름이 계속되는 까닭이다.

다만 그것이 시조라는 형식 질서 안에서
자연의 섭리를 온전히 담아낼 수 있는
궁리의 시간이었으면 좋겠다.

2021년 5월
민병도

CONTENTS

# 일어서는 풀

— 민병도 시조집

# 진달래꽃



01

# 삼월

삼월의 뜰에 서면
땅이 자꾸 들썩인다

이름도 성도 다른
민초들이 팔을 걷고

모두가 주인인 무정부,
건국 준비 한창이다

# 진달래꽃

문수선원 가는 길에
한 동자童子를 만났네

개울물을 건너가자
홀연히 제 몸 흩어

적막에 불을 붙이네
길도 절도 다 태우네

# 발자국 경전

지고 온 짐 도로 지고 마음 달랜 사경寫經이다

대왕암 바닷가의 어지러운 발자국들

파도가 읽다 밀쳐둔 화엄의 경전이다

# 모란
–김옥균 생각

궐 밖에 몰래 지은
들보 없는 꿈의 신궁新宮

숨겨온 붉은 향기
담을 넘고 말았구나

바람에 맞서보았던
피 말린 3일 천하

## 용장사 삼층 석탑

낮달과 사람 사이
돌을 쪼아 목숨 쪼아

하늘 뜻 기다리는
천년의 부신 고요,

뻐꾸기 목을 갖추다
똥만 찔끔 싸고 간다

# 무량수전

한평생 지게질로
적막 한 채 지을거나

꽃이 피면 꽃밥 짓고
달이 뜨면 달술 빚어

가부좌 틀고 앉아서
죽어도 죽지 않는,

# 물소리 동거

낙향 사흘 만에 그녀를 처음 만났네

월담한 달빛보다 목이 길고 손이 하얀,

스무 해 손잡지 못해도 아직도 늘 '첫'이네

# 홍매

기다림에 발이 저린
조선의 외딴 절터

읽다 만 경전 태워
언 몸을 녹였다던

매월당 손 깨물어 쓴
미완의 붉은 종장!

*매월당 : 김시습의 호

# 가을 앓이

풀벌레 붉게 우는
가을이 나는 무섭다

우수수 나뭇잎 지면
텅 빈 하늘 또 어쩌랴

서둘러 내 덫에 걸려
짐승처럼 앓는다

# 깃발

속 타는 조바심을
바람에 맡겨둔 채

펄럭이지 않아도
네 가슴은 울고 있다

끝없이 들끓는 함성,
뼛속 깊이 쟁이며

# 파도 1

아무 소용없다는 걸 그는 알고 있었다

하지만 천년에 천년, 그리움 못다 헹궈

뼈마저 다 문드러진 모래 위를 뒹굴 뿐

# 응원

바람은 엎어져도
다시 벌떡 일어나서
달리고 또 달려서
꽃을 안고 쓰러진다
누굴까 먼 곳에 숨어
박수를 보내는 그는

# 파치

뭉개지고 찍힌 과일,
파치라고 버려진다

꾀 많은 사람들은
제 칼에 제가 찔려도

눈멀어 썩는 줄 모르고
뻔뻔한 파치가 된다

# 수선화에게

칼바람 껴안은 채
긴 겨울을 건넜구나

혀 깨물며 감추려한
그리움의 노란 진물,

그래도 흔들리는 건
네가 꽃인 까닭이다

# 빈 강

금식이 끝나기 전에 날은 폭삭, 저물었다

피라미 은비늘만 별빛으로 떠다니고

은자隱者의 마른 쇠골이 단경처럼 굽었다

# 저물녘 1

오늘은 이만 안녕,
작별의 시간이다

상처와 약속일까
노을 인 풀꽃 앞에

촛불을 켜려다 말고
나를 잠시 비운다

# 처서

제부의 낡은 자전거
체인에 햇살 감기면
이름 없는 풀씨들도
일제히 눈을 뜨고
줄 터진 기타 소리인가
창을 몰래 흔든다

# 그리움

바라만 봐도 '파싹'
부서져 버리고 말

마른 풀꽃 한 송이
내 안에서 사위는 줄,

날마다 꽃 부스러기를
쓸면서도 몰랐네

# 바다의 달

부시로 줌을 주는
칼날임을 알면서도

성난 바다 위를
맨발로 걷는 달빛

베이고 다시 베여도
하나도 베이지 않네

# 꽃은

향기 듬뿍 품은 채
하늘을 다 차지해도

꽃은 제 스스로
꽃이라 하지 않는다

바람 뜻 은밀히 살펴
소리 없이 흔들릴 뿐

# 배롱나무, 섣달

푸른 바람을 만나 푸른 꿈도 꾸었으리

피가 끓는 석 달 열흘 붉은 꽃도 피웠으리

눈먼 새 잠시 쉬다 갈 빈 가지로 남은 행간

## 코스모스

꺾이고 또 꺾여도
무릎으로 일어서서

올해도 고향 길목,
목을 빼고 지켜 섰네

뜨겁게 손잡지 못한
첫사랑을 닮은 꽃

# 사전

아무리 목이 타도
너는 내게 오지 않네

돌아앉아 시치미 떼는
천의 행간, 다 뒤져도

단 한 번 뜨거운 눈물
흘려주지 않았네

# 풀꽃에게

벽을 타고 오르는
담쟁이 부러워 마라

벽이 끝나고 나면
텅 빈 하늘 어이 하리

바람에 생을 바치는
백치 같은, 사랑아

# 마른 풀

함부로 눕지 마라 눕더라도 눈 감지 마라

너를 일으켜 세운 별과 바람 곁에 있잖니

언 땅도 꼭 껴안으면 박수 소리 들린단다

# 풀잎은

풀잎은 잠결에도
흔들어 저를 깨운다

어쩌면 필생에 한 번
스쳐버릴 인연 앞에

이별의 시를 바친다
떨리는 손 흔들며

# 선운사에서



02

# 숲

더불어 선다는 말 함부로 하지 않겠네
서로 마주보며 두 손 꼭 잡았다 해도
내 절반 내주지 않고 너를 어찌 품으랴

바람에 쓰러져도 바람을 사랑하겠네
따가운 햇살 앞에 지는 법을 함께 배워
뜨거운 가슴 포갠 뒤 그림자로 눕겠네

그리움에 못을 박아 홀로서지 않겠네
내가 가서 네가 되고 네가 와서 울이 되면
새 떠난 적소의 밤도 선 채로 잠이 들겠네

# 꽃이 피다

뜰 안 매화 한 그루 칼바람 어찌 견뎠나
새들이 떠난 가지 무허가 빈 집 몇 채,
바람도 머릴 조아리고 산도 움찔 물러선다

지붕도 없는 집에 문패마저 없는 집에
구름도 물소리도 번갈아 망을 보고
보슬비 옷고름 풀면 세상은 숨이 멎는다

# 풀

바람과 맞선 그대, 아뜩히 누워 있다

눕는 일과 서는 일을 하나로 배웠는지

함부로 뒤돌아서서 눈물짓지 않는다

밟는다고 아무나 다 승자가 아니듯이

밟힌다고 모두 다 패자 또한 아니다

지고도 이기는 이름, 없어도 있는 그대

# 일어서는 풀

혼자서 눈을 뜨고 혼자서 일어선다
이 땅에 남은 한 뼘 흙바람 재울 때까지
허기와 어깨동무하고 붉은 해를 섬긴다

뜨거운 목울음은 뜨거운 채 묻는다
바람에 엎어져도 또 바람을 기다리며
한사코 무명無名을 닦아 아픈 꽃을 피운다

신발 자국 환하도록 밟히고 또 밟혀도
사초史草의 행간 그 어디 얼씬하지 못하지만
새벽닭 울기도 전에 너는 다시 일어선다

# 고장 난 시계 안에는 고장 난 시간이 없다

소풍이 끝났는가 시계가 멈춰 섰다
째깍째깍 함께하던 시간의 간이 숙소
은밀한 나와의 약속, 아랑곳하지 않는다

고장 난 시계에는 시간의 흔적이 없다
눈물의 그리움도 숨 막히던 꽃도 지고
솔개가 정지비행하는 들판처럼 적막하다

제 갈길 물고 날던 흰나비는 어디 갔나
어머니 가신 방에 영정사진 환하지만
고장 난 시계 안에는 고장 난 시간이 없다

# 겨울나무

빈 들 지나 외딴 비탈, 한 그루 겨울나무
헐벗은 이 하루도 칼바람에 에이겠지
틀어진 등뼈 곧추고 어금니를 깨문다

가랑잎도 과분한 지금은 얼음 감옥
그 새싹, 붉은 꽃에 마음 자꾸 베이지만
달빛에 등을 기대면 놓친 꿈도 따습다

어느 비 어느 바람이 유마경을 읽어주랴
기다림에 혀가 저린 물소리를 건너서
눈 덮인 변방의 새벽, 비목으로 서고 싶다

## 낙향
–삼족대*에서

길에서 길을 잃거든 동창천에 가보아라
삼촌 덕에 등과登科하고 삼촌 덕에 쫓겨난
등 굽은 조선 소나무, 삼족당을 만나리라

눌연訥淵의 물살 달래 우연愚淵이라 이름 짓고
깎아지른 바위 찾아 그 칼등에 앉힌 정자,
남명도 지리산 두고 한달음에 나투더라

낙향길 따라오던 손가락질 대수더냐
나이, 양식, 벼슬자리, 삼족三足을 노래하며
제 울음 몰래 삼키는 푸른 물살 만나리라

*삼족대 : 무오사화로 희생된 탁영 김일손의 조카로 이 사화로 인해 유배되었다가 낙향한 삼족당 김대유가 동창천 가에 지은 정자. 소요당 박하담과는 의기투합하고 남명 조식, 율곡 이이 등과 학문적으로 교류하였다.

# 메주

사투리를 사랑하면 형틀에 매달리나
메주를 바라보다 옷매무새 가다듬네
뭉근히 가슴 삭히는 깊고 먼 저 사랑법

해가 가고 달이 가듯 산을 넘고 강을 건너
뭉개진 뼈를 달래 바람 한 올 깊이 묻네
한사코 상처를 긁어 꽃피우는 꼭두새벽

# 짐

대청봉을 오를 때나 황산에서도 나는 봤네
제 몸의 갑절은 지고 산을 오르는 짐꾼들,
얼결에 나는 또 들었네 산이 숨긴 신음을

기구한 운명이구나 그땐 그리 여겼지만
해 저문 하산길도 내 짐 아직 천근이네
한 생애 산다는 것은 신음을 감추는 일

너와 나 우리 모두 짐을 지고 살아가네
욕심을 고명 얹은 다른 모양 다른 무게,
함부로 부릴 수 없는 목숨 값의 고마운 짐

# 2020, 한반도 아리랑

소 몰아 밭을 갈고 범 불러 범을 타던
삼천리 백두대간이 신열져 앓는구나
허공을 메운 빌딩숲, 야바위에 신명났다

아라리 아라리요 꿈이라면 깨기나 하지
승냥이 호각소리에 남북으로 잘린 허리
동서로 편싸움 붙여 흘리는 피, 비리다

코로나 돌림병이 친절처럼 다가와서
총잡이도 삼가하던 암수暗數 주연의 화면 앞에
죄 없이 청춘을 바친 민초들을 겨누고

악보 없는 북소리가 천의 귀를 앗아가도
반도의 뼈를 깎는 "테스형" 비수 하나,
아해야 새벽 오느니 아리아리 아라리

# 찻물을 끓이다가

찻물을 끓이다가 말 달리는 소리 듣는다
물의 기억 속에 되살아난 저 몸서리,
어쩌면 어느 전장戰場에 흘린 피였는지 몰라라

외투 하나 바꿔 입듯 천 번의 삶 거듭 고쳐
꽃이다가 눈물이다가 살모사의 독이다가
시간의 층계에 놓인 무한 변신의 배역 하나

귀한 저를 지키려고 몸부림쳐본 적 없이
또 하나의 이름을 위해 옷을 벗는 저 무구 앞에
내 다만 등뼈 곧추고 붉은 귀를 세운다

# 물소리 시편

십수 년 베고 자도 물소리는 그저 물소리
귀 세운 나무람이나 잔소리가 없었지만
나는 왜 저 물소리 앞에 꼼짝달싹 못하는가

뜬눈으로 읽어가는 서책도 그렇지만
번개며 천둥에도 눈썹 하나 까딱 않는
득음得音은 저런 것인가 투신공양, 내 어이리

삶이 때로 힘겨우면 저 물을 배워야 하리
서로의 뜻을 섬기고 서로의 몸을 빌려
마침내 바위를 뚫는 경전의 경전인 물.

# 선운사에서

때늦은 꽃맞이에 대웅전이 헛간이네
부처 보기 민망한 시자侍者마저 꽃구경 가고
절 마당 홀로 뒹구는 오금저린 풍경소리

무시로 생목 꺾어 투신하는 동백꽃 앞에
너도 나도 돌아앉아 왁자하던 말을 버리네
짓다 만 바람집 한 채 그마저도 버리네

비루한 과거 따윈 더 이상 묻지도 않네
저마다 집을 떠나 그리움에 닿을 동안
오던 길 돌려보내고 나도 잠시 헛간이네

# 숨

숨을 쉰다, 가슴 깊이 줄사다리 내린다
밟힌 만큼 키가 크는 풀잎 서로 껴안으며
달빛은 어둠 밖으로 씨앗들을 꺼낸다

어제와 또 내일이 눈인사를 나눈다
아픈 손을 마주 잡은 꽃과 바람 사이로
가멸한 별빛 하나가 꿈결인 듯 흐르고

지워진 이름들이 함께 나와 숨을 쉰다
멋쩍은 낮빛 아래 상처를 숨겨온 강,
조아린 산 무릎 세워 따순 맥박 나눈다

# 무인도



03

# 마애불

전 년째 노숙 중인
바람의 주막이네

늙은 댓돌에 놓인
가지런한 달의 신발,

어설픈 내 합장으로는
문지방도 넘지 못하네

## 장마

하마터면 말할 뻔했네
나에게로 가는 길

달포째 길을 막고
좁혀오는 포위망 속

미완의 탈옥 지도에
섬이 되어 앉는다

# 바람의 종장

바람의 종장에는
마침표를 찍지 마라

소리의 늘어진 혀
함부로 밟지도 마라

일부러 때를 놓쳐서
길 묻는 꽃 있으니

# 물방울

나 하나 갖지 말자
이름도 남기지 말자

온 몸을 들어 바쳐
그대에게 가느니

연잎에 달빛 굴리는
저 신라의 풍경소리

# 덫

기러기 물고 오는
가을을 쫓으려고

마음의 창을 닫고
길목마다 덫을 놓았네

발톱에 긁힌 자국인가
피가 맺힌 새벽하늘

# 무인도

왜 여태 몰랐을까
나 또한 섬이었음을

그리움 후송해 갈
배 한 척도 오지 않고

파도에 마음 베이는
뼈 하얀 저 무인도

# 성냥

아서라 두려워 마라
목숨인들 네 것이더냐

벼락처럼 돌진하여
온 몸에 불이 붙거든

삼천리 민초의 울화,
화알활 태우거라

# 천둥

천하의 왕후장상도
오금이 저린 채로
혼비백산, 조아리는
저 통쾌한 일갈一喝 좀 봐
궁금한 풀꽃 몇 송이
문밖 빼끔 살핀다

# 운문사

구름의 문을 열고
적막을 기둥 세워

잠 못 드는 물소리에
무릎 꿇은 절집 있어

달빛을 닮은 사람만
문지방을 넘는다.

## 청도, 새마을

가난이 무서웠나
피가 더 서러웠나

더불어 떨쳐버린
역사의 삽질 있었네

온 세상 가슴 뛰게 한,
늙어서도 새마을

# 청도

정도에 오는 길은
어림잡아 열 개 남짓

산을 닮은 사람들과
사람 닮은 청도반시,

한사코 발길 붙잡아
절반은 눌러 살지

# 갈대

얼마나 오래던가
무잡한 바람 앞에

온몸으로 흔들려도
너는 떨지 않았다

떨어도 이를 깨물 뿐
꺾이지는 않았다

# 2미터
-코로나19

시은 쇠도 없는데 벌칙 또한 수상하다
무작위로 불러내는 속수무책의 공포 앞에
거룩한 처방이 고작
2미터
멀
　어
　　지
　　　기

# 강

마을과 마을 사이 풀어 던진 쪽빛 고름

못 꿰맬 깊은 상처 누가 알기나 하리

무참히 밟고 지나간 원수를 끌어안다니

# 폭포

내려서야 한다는 걸
어떻게 알았을까

부서져야 산다는 걸
어디서 배웠을까

눈부신 비명 속으로
투신하는 하늘 길

## 낙엽

이제 더 이상은
흔들리지 않아도 된다

드센 바람 앞에
떨지 않고 꿇지도 않고

살과 뼈 깡그리 썩어
흙에 기대면 그 뿐

# 고라니

일생을 쫓기다가
가까스로 발붙인 땅

갈밭마저 빼앗겨버린
늙은 고라니 운다

민망한 달빛이 대신
무릎 낮게 꿇는 밤

# 귀거래사
—횡재

전셋값과 화선지 값,
쌓이는 책 감당 못해

시골로 이사 하면서
나도 부자 되었네

별 열 말 물소리 천 섬,
덤으로 온 달빛 만평

# 계산기

그토록 많은 셈에 한 생애를 바치고도

정작 계산기에는 한 푼의 돈이 없다

다 닳은 건전지 하나 갈아 끼울 돈이 없다

# 얼굴

세상에 하나뿐인
그 얼굴 찡그리지 마

거울 또한 탓하지 마
너만 미워하겠느냐

누천년 해와 달이 만나
정한 뜻이 아니랴

# 저물녘 2

찢어진 비닐봉지엔 먹다 남은 소주 반 병,
제 그림자 부축하며 늙은 길을 가고 있네
정분 난 삽사리마저 집을 나간 저물녘

# 꾀꼬리

신이 보낸 악사였나
천상의 저 목소리
걱정의 얇은 홑청
한 겹 한 겹 걷어내고
소리로 불을 지르네
세상 남루 다 태우네

## 섬

나 혼자 너무 멀리
남겨두지 마세요

뼈저린 내 기다림
시험하지 마세요

그대는 의심 않지만
세월은 모르잖아요

# 파도 2

잠시 가진다고 어찌 다 내 것이랴

천년, 다시 천년 목이 타고 피 말라도

아직도 멀었나 봐요 손 내밀면 닿을 그대

# 연장론

못을 박는 망치나 풀을 베는 낫처럼
나도 한갓 연장인 줄 미처 알지 못하고
주인의 허락도 없이 난도질을 하였구나

# 징검다리

좋
아
해,
말
하
려
다
징
검
돌
을
놓
습
니
다

사랑해, 말하려다 징검돌을 놓습니다
그립다 말을 하려다 징검돌을 놓습니다

# 소나무에게



04

# 뼈에게

너는 변명 대신 언제나 침묵했다
유혹과 술수에도 꿇지 않고 피하지 않고
스스로 삭고 삭아서 한 시대를 증언했다

버틴다고 모두 다 뼈가 될 수는 없다
우지끈 부러져도 소리 한 번 지르지 않고
천 섬의 별빛 지고도 휘청이지 않아야 한다

한 번도 너의 안부 물어본 적 없었지만
내 안에도 네가 있어 눈 돌리지 않았거니
비겁한 칼날 앞에서 변명하지 않았다

## 돌을 읽다

저문 날 강에 나가 징검돌을 건너다보면
세상 어떤 문자도 범접 못한 경전이 있어
누군가 물속에 숨어 지줄지줄 읽어 주었다

꽃이 피고 새가 울고 달이 지고 날이 새고
바람에 흔들리느니 차라리 생살 깎아
시간의 지문에 갇힌 깊은 고요, 환하다

보지 않고 듣지 않고 알지 않고 말하지 않고
날마다 길을 버리면 스스로 길이 되나
밑줄 친 행간에 감춘 한숨마저 읽었다

# 2020, 달구벌의 봄

괴뢰도 범접 못한 피 끓는 땅이 있어
들을 빼앗겨서 빼앗기지 않았던 봄
목련꽃 흐드러져도 봄은 끝내 오지 않았다

서로 너무 가까웠나 시샘치곤 가혹하다
마스크 따로따로 등을 돌린 거리마다
죄 없이 받아든 천형, 끌어안은 너와 나

국채마저 대신 갚아 밥을 굶던 우리 아닌가
하루 이틀 사흘 나흘, 조여 오는 공포 앞에
결연히 저항하였던 봄의 뒤태, 환하다

# 시월, 벚나무를 읽다

벚나무의 가을 준비는 병법보다 치밀했다
노역에 지친 잎새 한 잎 한 잎 뜯어내고
길 잃은 별들을 불러 가지 끝에 재웠다

꽃가지를 들어 올려 희롱하던 봄도 잠시
바람을 핑계 삼아 신음마저 내려놓고
꾸다 만 꿈의 시렁에 구름 한 점 얹었다

엇나간 계산 끝에 헛디딘 지난 날이여
절며 오는 야윈 햇살 울긋불긋 기워 입고
고요에 고요를 덧대 떨리는 뼈, 가렸다

# 수성못

우리 동네 발목쯤에
하늘 담은 못 하나 있어

천사 나라 구름 대궐
성이라도 무너졌는지

유유히 나뭇잎 배가
구름 실어 나른다

그 구름 물어뜯는
아기 물고기들

덧니 돋는 소리가
물 밖까지 들리고

반나마 햇살이 차도
마음 먼저 환하다

# 욕심과 미움

고무줄 잡아당기면 자꾸자꾸 늘어나듯
싹뚝, 자를 때까지 끝도 없이 늘어나듯
욕심도 살아있는 한 줄어들지 않는다

풍선에 바람 불면 자꾸자꾸 커지듯이
빵하고 터질 때까지 끝도 없이 커지듯이
미움도 살아있는 한 줄어들지 않는다

욕심은 썩지 않아 묻어둬도 삭지 않아
미움 또한 타지 않아 태워도 타지 않아
천 번에 천 번을 달래 보듬어 안아야 한다

# 부석사

서역 만 리 가는 길이 얼마나 멀다던가
꿈꾸는 배흘림기둥, 묵언 중인 빈집 몇 채
첫눈이 극락으로 간 발자국을 덮는다

드는 길 나는 길이 손을 잡는 촛불 앞에
두고 갈 제물인 듯 무량수전 들이밀면
부처님 가부좌 풀고 법좌를 내려선다

그 잠시 스친다고 마른 풀에 꽃이 피랴
만나고 싶은 사람 꿈엔 듯 잠시 만나고
반납할 빈 그릇처럼 하산 길을 서둔다

# 나를 찾아

잃어버린 나를 찾아 경전을 뒤진 적 있다
때로는 밑줄도 긋고 수십 번씩 외웠지만
익명의 제보자 하나 만날 수가 없었다

그리움을 만나려고 먼 길을 떠난 적 있다
강 건너 들을 지나 흔들리는 구절초 뿐
풍문을 슬몃 감추는 낮달마저 낯설었다

길에서 길을 버리고 꽃을 찾아 꽃을 떠나
내 안에 나를 두고 밖에서 찾는 동안
설중매 홀로 이우는, 나는 늘 빈집이다

# 봄 편지

바람 한 올 없는 날에 찾는 이도 없는 날에
꽃잎은 떨어져서 나도 함께 떨어져서
그 차마 부치지 못할 편지 다시 쓰네요

감출수록 드러나는 가난한 내 모국어여
산 넘고 강을 건너 당도한 어느 적소
한 마리 가시나무 새, 울음 꺾어 보내요

못 생긴 꽃잎 중에 아픈 사연 하나 골라
필 남짓 달빛도 끊어 밥풀 붙여 보내느니
그대여 행여 보거든 답장하지 말아요

## 상강霜降

귀뚜라미 젖은 울음 품어 안은 달빛 아래
풀씨들을 다그치는 바람소리 수상하다
시월의 마른 그림자 제자리에 눕히나 보다

숨 막히는 목마름과 뼈가 휘는 막간에도
함부로 담을 넘은 그리움의 신발자국
빈들에 남겨두고 온 꽃의 안부, 두렵다

길을 잃은 딸꾹질이 꼿꼿이 부리 내려
어디로 가야 하나 언 땅을 끌어안지만
슬픔은 남은 자의 몫, 문풍지를 바른다

# 소나무에게

지금은 잊혀져간 한 왕조의 외진 발치
꼿꼿한 등뼈 위에 구불텅 꺾인 팔로
단번에 내 무릎 꿇린 너는 정녕 나무 아니다

책은 들지 않았어도 선비의 풍모구나
외로움에 데인 화농, 달빛으로 달래며
일필로 긋는 붓 끝에 비백飛白으로 깨운 새벽

손이 귀한 어느 종가 기둥이던 꿈도 잠시
송진 뽑던 침략자의 톱자국을 달래면서
원수를 사랑하는 일, 뼈가 휘게 참아냈다

억울해 하지 마라 뒤돌아도 보지 마라
누구 있어 너처럼 자신을 사랑했던가
굽으면 굽은 그대로 해가 뜨고 달이 뜨니까

7할은 상처뿐인 너도 언젠가 멈추리라
그 오랜 기다림은 길 잃은 바람의 몫,
세상 밖 너를 보내고 빈 몸 홀로 서거라

# 흰 라일락 시편

가는 봄을 붙잡아 둔 너의 시를 읽는다
게우고 바래어 온 하얀 시어 사이사이
끝끝내 숨기지 못한 그리움도 솎아내며

도입부터 코끝 찡한 향기는 그렇다 치고
퇴고한 흔적 하나 찾아낼 수 없는 종장,
내 감히 연필 침 발라 밑줄 그어 읽는다

설사 너의 말이 혀끝의 거짓이라도
남은 생을 저당 잡혀 한 번쯤은 속고 싶은,
슬픔이 하얗게 바랜 너의 시는 절창이다

# 찬란한 시조의 탑
–백수 선생 탄생 100주년에

황악산 천백 고지, 높아서 명산 아니다
달밤에 꽃 진다고 우는 새가 없어봐라
백리 벌 들었다 놓았다 직지 범종 없어봐라

꽃도 말고 범종도 말고 그 산 아래 초초시실草草詩室
잡으면 율이 되고 놓으면 격이 되어
붓끝에 천심을 묶던 시선詩仙 백수白水 없어봐라

해가 저문 쟁기질로 모국어 밭 외로 일궈
겨레의 숨결 안에 우뚝 세운 시조의 탑,
오롯이 묻은 생애가 여밀수록 부시다

# 아직도 저에게는

아직도 저에게는 끓는 피가 있습니다
꽃을 살필 눈이 있고 삽질할 손이 있어
몇 그루 과일나무를 심을 수가 있습니다

아직도 저에게는 가족이 있습니다.
함께 할 밥이 있고 서로 나눌 꿈이 있어
그 차마 슬픈 영화의 주인공은 싫습니다

아직도 저에게는 고향이 있습니다
어머니와 아버지의 대문 없는 집이 있어
마침내 한 줌 흙으로 내가 묻힐 땅입니다

아직도 저에게는 붓 몇 자루 남았습니다
세상 모든 산을 불러 만 장 그림 채워지면
먹 향기 꿈같은 세상 넘겨주고 싶습니다

# 민 / 병 / 도

閔炳道, Min Byung-do

1953년 경북 청도 출생
1976년~1981 영남대학교 미술대학, 대학원 졸업
1976년 한국일보 신춘문예 당선
1984년~1994 〈五流同人〉 활동
1991년 제1회 〈한국시조〉작품상 수상
1997년 정운(이영도)시조문학상 수상
1998년 제1회 대구시조문학상 수상
2000년 예술 창작 공간 〈木言藝苑〉 개원
2001년 중앙시조대상 수상
2003년 제1회 월간문학 〈동리상〉 수상
2006년 가람시조문학상 수상
2008년 한국문학상 수상
2009년 금복문화상(문학) 수상
2012년 김상옥시조문학상 수상
2018년 외솔시조문학상 수상

詩集 | 『雪岑의 버들피리』, 『숨겨둔 나라-자유시』, 『갈 수 없는 고독』, 『無常의 집』, 『만신창이의 노래-자유시』, 『섬』, 『地上의 하루』, 『不二의 노래』, 『청동의 배를 타고』, 『슬픔의 상류』, 『마음 저울』, 『내 안의 빈 집』, 『원효』, 『들풀』, 『장국밥』, 『칼의 노래』, 『바람의 길』, 『노을이 긴 팔을 뻗어 -동시조집』, 『만파식적』, 『부록의 시간』, 『은행나무 숟가락 -동시조집』, 『일어서는 풀』

飜譯詩集 | 『청동물고기』(日譯), 『한때, 꽃』(中譯)
詩畵集 | 『매화 홀로 지다』, 『흐르는 강물처럼』
評論集 | 『형식의 해방공간』, 『닦을수록 눈부신 3장의 미학』, 『非定型의 定型化』, 『시조, 정형성에 대한 새로운 이해』
隨筆集 | 『고독에의 초대』, 『꽃은 꽃을 버려서 열매를 얻는다』, 『강물은 자신을 밟고 길을 낸다』

전, 한국문인협회 시조분과회장, 대구시조시인협회장, 청도문인협회장, 한국시조시인협회 이사장, 청도예총회장, 대구문인협회, 경북문인협회 부회장, 한국미술협회 부이사장, 대구미술협회장

현, (사)국제시조협회 이사장, 계간 《시조21》 발행인, 이호우 · 이영도시조문학상 운영위원장, 도서출판 〈목언예원〉 대표, 모산학술재단 이사, 청도 우리정신문화재단 이사, 〈민병도갤러리〉 대표

E-mail | mbdo@daum.net